大家小小书
篆刻　程方平

中国历史小丛书

新编历史小丛书

新编历史小丛书·人物

唐太宗

汪篯 著

北京出版集团
文津出版社
贵州出版集团
贵州人民出版社

目　录

《唐太宗》是汪篯同志1962年11月9日给中共中央高级党校一九六一班所做的报告。后来汪篯同志根据党校历史教研室的记录加以整理，并做了若干补充。党校曾印发供校内参考。

一　唐太宗所处的时代

评价一个历史人物，主要是看他在历史上起了怎样的作用，是推进社会的发展，还是阻碍社会的发展。因此，要想了解唐太宗，就必须首先了解他的时代背景，他所处的时代的社会物质条件。

中国的封建社会可以分为两个大的时期，从战国到南北朝是前期，从隋唐到鸦片战争以前是后期。在前期，大族豪强地主大土地所有制和部曲佃客制占据优势地位；在后期，普通地主大土地所有制和佃户制占据优势地位。唐太宗处在普通地主大土地所有制和佃户制形成和走向成熟的阶段。

中国的封建社会始于何时，这是史学界长期以来争论未决的问题。个人认为，中国的封建社会应从战国开始，而不是从西周开始。在西周，农业的生产工具还很落后，是用木和石制成的；施肥的知识也很有限，主要是利用腐烂了的田间杂草和草木灰做肥料。烂草和草灰的肥效不高，不能保持地力，因此，一块田地种上三年五载就不能再种下去了，就要换一块耕地。等到撂下来的荒地长上小树以后，人们才能重新加以利用，因为木灰肥效要比草灰肥效高一些。这种耕作制度叫作熟撂荒制。那时，每换一次耕地，人们就得大力芟一次草，除一次木。使用木石工具来挖树根，这是很困难的，个体生产简直无法进行，必须依靠简单协作。所以，在西周，耦耕是习见的耕作方式。我们知道，生产过程的个体性质，这是封建社会最基本的特征。在个体生产情况下，封建经济所必需的，是“直接生产者必须分有一般生产资料特别是土地，同时他必须束缚在土地上，否则就不能保证地主获得劳动力”。在个体生产情况下，封建经济制度的条件是“农民对地主的人身依附”，“如果地主没有直接支配农民个人的权力，他就不可能强迫那些得到份地而自行经营的人来为他们做工。所以，……必须实行‘超经济的强制’。”[1]由此可见，像直接生产者与土地相结合，超经济强制这样一些封建制度的主要特征，也都是由生产过程的个体性质所规定的。西周既然还不具备个体生产的条件，当然也就不可能进入封建社会。关于西周的生产关系等问题，甚为复杂，这里不能多谈。

到了春秋战国时代，铁制的农具出现了。最早的铁铧犁，是在木底上套上V字形的铁口，叫作铁口犁。当时还出现了铁口锄、铁口锸、铁镰刀等。这样，进行个体生产就有了可能，奴隶制下共耕共耘的劳动形式也跟着破坏了。随着生产力性质的改变，阶级斗争激化起来，一系列的奴隶起义和奴隶暴动撼动了奴隶主的统治，促使列国建立起封建的政权。

铁口犁不能深耕，只能在地上划一道沟，效率也不高。到了汉代，它逐渐为全铁犁铧所代替。根据考古发现，那时的全铁犁铧有大小两种形制。小的只有十厘米宽，重量还不到二市；大的则长宽均达四十厘米左右，重量达到十四、十五市，最重的更在十八市以上。这两种大小悬殊的铁铧犁的使用，除因地区而异之外，恐怕与农户大小也有关系。很可能，贫下的小农户一般使用单牛或由人力挽引的小犁，而地主和富裕农户则多用大犁。笨重的大犁不能由单牛曳引，而是由双牛合犋架长辕来曳引的。汉武帝时赵过改进的耦犁，可能就是大犁的一种。据《汉书·食货志》记："率十二夫为田一井一屋，故亩五顷，用耦犁二牛三人。"古制，九夫之田为一井，三夫之田为一屋；一夫为田百亩，即一顷，十二夫共耕田十二顷。古以百步为亩，汉以二百四十步为亩，古之十二顷，当汉制五顷。用耦犁，二牛三人，其效率相当于古之十二夫，这是生产力的很大提高。但是耦犁需用二牛三人，一般贫下农户无力单独利用它，因此这种较为先进的农具就必然要对小农户发生一定的破坏作用。

古代，在中国北方，只有贵族有姓，一般奴隶是没有姓的。个体生产发展后，产生了一个个的小农户，他们的家庭都需要一个标志，他们往往就以居地为姓。过去处于同一共同体的农户，往往采用同一个姓。这样，就形成了宗族聚居的现象（在南方的一些地区，宗族聚居是由原始公社瓦解而形成的）。宗族中一些有势力的人成为族长。族长掌握很多的耕牛农具，一方面在自己的土地上使用大犁，一方面又利用族长的地位和掌握的农具来组织农民生产，并通过这种活动逐渐把本宗族的人和他们的土地控制起来，这样就扩大了自己的势力。东汉晚年崔寔所著《四民月令》一书详细记载了洛阳附近大族豪强地主管理田庄和组织、指挥生产的情况。其中“合耦田器”一语很值得注意，它透露了大族豪强地主利用大农具来支配耕作这一道农作程序的实况。汉代以来大族豪强地主大土地所有制大体具有如下几个特点。第一，豪强地主经营大片土地，在田庄中进行多种经营，不仅种植谷物、蔬菜、果木和经济作物，而且还有织布、酿酒、制造调味品以至药物等手工业。在他们的田庄里，还有修缮武器和农具的手工业。第二，由于豪族地主管理、监督生产，而农民在耕牛、农具上又对他们有一定程度的依赖，因此，形成了人身依附关系较强的部曲佃客制。第三，因为豪族地主组织生产，进行多种经营，因此，他们的土地所有权也是比较牢固的。

在豪族大土地所有制的基础上，形成了与之相适应的上层建筑。因为豪族地主的土地所有权是比较牢固的，他们在地方上有很大势力，所以，各地的豪族地主就控制了地方。汉代郡县长官虽由中央任免，但郡县佐官则由郡县长官辟用，例由本地人充当。封建国家要依靠有势力的地主作为全部封建统治的基础，郡县的实际权力逐渐被他们掌握了。西汉末年，出现了不少世为郡县吏的著姓。到东汉时候，就出现了一些世代公卿和世吏二千石的名门。到魏晋时期，更形成了士族门阀垄断高官的九品中正制。

代替豪族大土地所有制和部曲佃客制的，是普通地主大土地所有制和佃户制。这种封建社会内部生产关系的变化，是社会生产力发展的结果。由于生产经验的积累和冶铁技术的进步，过去的小铁犁铧逐渐发展成为重约三市并具有犁壁的铁犁。这种犁的犁辕不论曲直，较前都减短很多，没有“回转相妨”的缺点，因而提高了耕作的速度。这种犁经过改进，比较省力，是用单牛曳引的。这种犁的生产效率比大犁铧更高，它提高了精耕细作的水平，加强了农民在生产上的独立性。农民在生产过程中，已不需要地主用“合耦田器”等办法来加以干预和监督，而大族豪强地主对农民严紧的人身奴役，也就成了生产发展的巨大障碍。经过长期的一系列的阶级斗争，地主对于田庄的经营管理，农民对地主阶级的人身依附关系，都比较松弛了。这是普通地主经济区别于大族豪强地主的一个主要之点。

在地主不必对农业生产进行很多干预和严格监督的条件下，城市的繁华对他们产生了强烈的吸引力量。许多官僚和富有的地主子弟，在城市中以声色犬马相征逐，肆情挥霍，肆意浪游，到用费不够时，就要出卖田产。与此同时，政治制度也有很大变化，普通地主不能再像前代门阀大族那样，世世代代地垄断政权；要想取得高官厚禄，还必须参加科举和吏部考试。因此，“朝士广占良田，及身殁后，皆为无赖子弟作酒色之资”，“达官身亡以后，子孙既失覆荫，多至贫寒”。[2]一般地主子弟为了进京参加考试，“货鬻田产，竭家赢粮”，往往“未及数举，索然已空”，成为当时人极为注意的现象。[3]地主的起落不常，土地所有权转移的加速，以及由此产生的佃户与普通地主关系的非世袭的性质，是普通地主区别于豪族地主经济的另一个主要之点。

从大族豪强地主土地所有制走向崩溃到普通地主土地所有制发展成

熟，中间有一个过渡的阶段，这就是北朝到隋唐实行均田制的时期。

从北魏中年到隋末唐初的一百三十多年中，尽管大族豪强地主的经济、政治力量曾经有过起伏，但社会发展的总的趋势是均田农民在总人口中所占分量逐渐增长。这是因为大族豪强地主经济衰落和崩溃的速度，要超过普通地主经济成长和发展的速度。大族豪强地主经济已经由衰落走向崩溃，而普通地主则不论在政治上或是在经济上，都还没有强大到能够进行大规模的土地兼并，以控制大部分土地和农民的程度。所以，这是均田制发展时期。这一时期先后颁布的几个田令，对大族豪强地主占田数额的限制越来越严。从根本上来说，它们是有利于普通地主经济的成长和发展的，但其突出的作用是在于破坏大族豪强地主经济，加强封建国家对土地和农民的控制，隋文帝推行高颖创立的输籍之法，使大量为大族豪强地主所控制的“浮客”转化为封建国家的编民，把均田农民在总人口中所占的分量，推到一个高峰。

在唐前期的一百三十多年当中，总的趋势是均田农民中的自耕农民在总人户中所占的分量逐渐缩小。这是因为大族豪强地主经济已经基本上崩溃，自耕农民的经济地位很不稳定，而普通地主的经济势力则在迅速上升。所以，这是均田制走向崩溃的时期。唐的均田令允许一般地主进行小规模的土地兼并，唐政府还用赐田和大量给勋赏功的办法来扶植新兴地主。唐的均田令和唐政府的措施所起的作用，主要是为普通地主成熟奠定基础。

唐太宗所处的时代，就是门阀地主已经崩溃，均田农民在总人户中分量最高，普通地主逐渐趋于成熟的时期。

研究唐太宗所处的时代，还需要注意一点，那就是，他处于大规模农民战争之后，这个大规模的农民战争推翻了一个既富且强的隋朝，并把均田农民的数量推向最高峰。了解这一点对评价唐太宗十分重要，下面还要分析。

唐初，门阀地主虽然已经崩溃，但是，作为意识形态的门阀观念，在社会上还有着广泛的影响，阻碍着社会的发展。唐太宗出身于关陇军事贵族高门，有着浓厚的门阀观念。对于时代和家庭给予唐太宗的这种局限，在评价唐太宗时，也是需要注意的。

二　晋阳起兵

晋阳起兵的密谋是创建唐朝的开端。因此，要想全面地分析唐太宗，就必须从晋阳起兵谈起。

唐太宗的皇位不是由合法继承得来，而是通过杀兄逼父取得的。这种行动不合乎封建法统和封建伦理，在封建统治者看来，也就不能贻示子孙，垂为法诫，因此，唐太宗在夺得皇位以后，就着手修改国史，来为自己辩护。贞观史臣在撰写《高祖实录》和《太宗实录》时，大事铺陈太宗在武德时的功劳，竭力抹杀太子建成在创建唐朝过程中做出的成绩，并且大大贬低高祖的作用，就是为了这个原因。但是这样仍然不足说明太宗继承皇位的合法性，于是他们又把修改国史的着眼点放在晋阳起兵的密谋上面。他们歪曲地把晋阳起兵的密谋描绘成为太宗的精心策划，而高祖则完全处于被动的地位，其目的在于把太宗说成李唐王业的真正的奠基人，使他的皇位获得近似汉高祖自为皇帝面尊其父为太上皇那样的合法性。

晋阳起兵是叛隋的活动，是在极端隐蔽的情况下策划的，其真相本不易知，及经贞观史臣篡改国史以后，就更加难于探寻它的究竟。所幸的是留下的史料还不算少，我们还可以设法去伪存真，从中看出基本情况。现在就把有关的史实依照时间前后编列并加以分析如下。在这里应该申明一点，下面所列的史实年代，有的和旧史的记载不尽相同，这是经过个人考订推定的，因为时间关系，就不多谈了。

隋炀帝发动的大规模进攻高丽的不义战争是极其不得人心的。早在加紧进攻高丽准备工作的大业七年（611年），在山东地区就已经爆发了农民起义。此后两年中，他两度大举进攻高丽，都遭到了惨败，人民的反抗斗争愈加强烈。在这种形势之下，统治阶级的内部也有了分化。大业九年（613年）贵族杨玄感的反隋起兵就是一个重要的标志。约略与此同时，李渊也看到隋的统治不稳，开始动了反隋的念头。杨玄感起兵以前，他以卫尉少卿在怀远镇（今辽宁朝阳附近）督运，当路过涿郡（今北京）时，就曾与宇文士及夜中密论过天下大事；杨玄感起兵以后，他受命代替杨玄感亲戚元弘嗣为弘化郡（郡治在今甘肃庆阳）留守，握有关右十三郡之兵，他的妻兄窦抗也劝他利用这种地位起兵反隋，他只以“无为祸始”为解，却没有加以揭发。[4]

杨玄感起兵以后，农民起义扩大到了全国范围。那时，负责镇压农民起义的将领尽管在某些战役中能够获致胜利，但完全阻止不了起义力量的蓬勃发展。为此，隋炀帝在大业九年和十年连续处斩了宿将鱼俱罗和董纯，名将吐万绪也以得罪忧愤而死。到大业十一年（615年）春，隋炀帝又以疑忌右骁卫大将军李浑门族强盛之故，杀了他的一门三十余人。隋炀帝的这些做法又进一步加深了统治阶级内部的矛盾。李浑被杀后不久，李渊受命为山西、河东抚慰大使，负责镇压河东一带的起义军。这期间，副使夏侯端曾指出他处境的危险，劝他早做反隋准备。李渊的处境和鱼俱罗、吐万绪、董纯等完全相同，他又是西魏八大柱国之一李虎的孙子，门望之高，正不下于李浑，所以夏侯端以此来打动他，他“深然其言”。[5]这就说明他的反隋之念比以前又进了一步。大业十二年（616年），隋炀帝提升他做太原留守，地位高了，受到的猜忌就会更大，李渊对此是顾虑重重的。

李渊虽然早已蓄有叛隋之心，但直到大业十二年底，始终迁延不发，未尝有所举动，这和国内形势的发展有着密切的关系。李渊是个富有政治经验的老官僚，是个老谋深算的宿将，他看到，隋炀帝对起义军的力量起初估计不足，并没有竭尽全力去镇压，而对于贵族官僚的举兵，则极为害怕。河东和太原都是隋的军事重镇，靠近东都洛阳和西京长安。如果从那里发动地方性政变，势必要引起隋炀帝的极大震动，把隋的大军吸引过来，在时机还不成熟的情况下，免不了要步杨玄感起兵失败的后尘。因此，他要静待时机。大业十一年，农民起义军虽然有了很大的发展，但还没有取得决定性的胜利。这一年，隋炀帝曾被突厥围困在雁门，从太原或河东起兵倒是有利的时机，但这样做无异于做突厥的内应，将得不到人们的支持，他不敢冒这个大不韪。到大业十二年，隋炀帝对农民起义军的力量看到了一些，全面调整了镇压农民起义的军事部署。他看到河北、山东一带的起义军不断南流，在江淮之间发展成为巨大的力量，就自己带领一支中央禁军到江都镇压。他又把大批进攻高丽的部队调回，派杨义臣等带领，来镇压山东、河北一带的起义军。由于这个新的军事部署，当时分散的农民起义军曾经一度受到挫折，几支历时最长的起义军都被隋军打败了。当时，在全国，特别是在东方，隋军的力量还相当强大。因此，在大业十二年年底以前，李渊还不敢有所作为。

大业十二年冬季，国内形势发生了重大的变化。各地农民起义军经过百折不挠的战斗，逐渐由分散趋向联合。由李密、翟让领导的瓦岗军攻破隋的金堤关，打下荥阳郡诸属县，并一举击溃宿将张须陀带领的劲旅，使隋的东都洛阳受到了威胁。这样，就扭转了局势，使农民起义军转到占据优势的地位。各地的地主、富豪看到隋室已不可为，都起而割地自雄，想夺取农民起义的胜利果实。许世绪、武士彟、唐俭、唐宪等晋阳一带的地主、豪商，也抱着同样的目的，纷纷鼓动李渊抓紧时机，尽速举兵。正在这时，李渊的军队在马邑被突厥打败，隋炀帝派使者囚捕他和马邑（山西朔州）太守王仁恭送到江都治罪。眼看着鱼俱罗、董纯的遭遇就要落到他头上了，于是他下定了叛隋的决心。很可能，由于东都形势的紧张，隋炀帝临时改变了他那果于诛戮宿将的做法，随即他又派使者赦免了李渊和王仁恭的罪责，并让他们各复旧任。李渊一被释放，立刻就开始了叛隋的实际行动。

李渊从太原起兵的最大障碍是太原副留守王威和高君雅。这二人是隋炀帝的亲信，可能是隋炀帝特地派来监视李渊的。他们在太原也有一定的势力。要想从太原举兵，就得首先排除这重障碍。李渊曾经让李世民在晋阳密招豪友，但是仅仅依靠这个办法是不够的，因为这种秘密行动，规模做大了就容易被发觉，做小了又不能完成控制晋阳这座大城的任务。于是大业十三年（617年）初，他又使晋阳令刘文静诈为敕书，谎称隋炀帝发太原、西河、雁门、马邑诸郡民年二十以上、五十以下悉为兵，定于年终在涿郡集中去打高丽。为了避免计谋被王威、高君雅发觉，这种煽惑大致是在边郡进行的。果然，到了二月，马邑就发生了刘武周杀掉太守王仁恭的事变。刘武周勾结突厥，向南打破楼烦郡（山西静乐），并进取汾阳宫。李渊以防御刘武周南下为借口，提出自行募兵的主张。王威、高君雅看到形势危急，不敢不同意。于是李渊命令李世民和他的其他党羽在晋阳募兵。这支新募的兵完全掌握在他的党羽手里，他利用这支兵控制住晋阳，杀掉了王威和高君雅。[6]这样，他就完成了从晋阳起兵的行动。

从以上的分析，可知唐高祖早就有了叛隋之心，旧史所说唐太宗李世民暗中在晋阳部署宾客，准备起兵，而高祖不知其事，等到李世民以计划告知李渊，李渊大为惊骇，甚至要执李世民送官治罪，是不足据信的。至于旧史所记李渊对太宗说："吾一夕思汝言，亦大有理。今日破家亡躯亦由汝，化家为国亦由汝。"（《资治通鉴》卷一八三义宁元年。以下引文凡引自《资治通鉴》者，均不再注明出处）也是虚构出来的。这正是史臣辩护太宗合法取得皇位的画龙点睛之笔。当然，年轻的李世民见事敏速，行动大胆，他可能劝过李渊早日举兵，也可能纠正过李渊行动过于迟疑、稽缓的弱点。在李渊的授意下，他在组织起兵方面，也起了不小作用。这些我们也是应该承认的。

三　唐太宗的战略战术

晋阳起兵以后，李世民正式开始了他的征战生涯。李渊从晋阳起兵南下，他就与长兄李建成分领左右军。此后，在唐的统一全国过程中，几乎在黄河流域进行的具有决定性意义的战争，都是他负责指挥的。他的军事活动，取得了一系列的重大的胜利。

李世民第一次指挥的大战是对陇右的薛举、薛仁杲父子的战争。

还在李渊从晋阳起兵以前，大

业十三年（617年），金城郡（治所在今甘肃兰州）的富豪薛举就已据郡城起兵。此后不久，他又占领了陇西（治所在今甘肃陇西县西南）、西平（治所在今青海乐都）、天水（治所在今甘肃天水）诸郡，称秦帝，都上邽（今天水）。约在李渊攻克长安以后的一个月左右，薛举子仁杲领兵进围扶风郡城（今陕西凤翔），被李世民击退。第二年（武德元年，公元618年）六月，薛举又来争夺泾州（隋安定郡，治所在今甘肃泾川），李渊派李世民带兵迎战。

战争的双方具有如下特点：

秦军方面：第一，薛氏父子占领的陇右地区是隋的牧监所在，又是隋防御突厥和吐谷浑的要地，所以，民习战备，人务骑射。在他们的军中，多有精骑骁将。这就决定了秦方军锋锐盛的特点。然而第二，陇右一带，民户寡少，生产不算发达。秦军的后方天水、陇西、金城等郡，在隋大业盛时，合计起来，也不过七万多户。至于秦军占领的平凉（治所在今宁夏固原）、安定等郡，虽然户口稍多，但因为处在前线，还没有成为薛氏父子牢固掌握的地区。所以，秦的人力、物力、财力都是不足的，不能持久作战。由于控制的民户很少，薛氏父子几乎没有第二线的兵力。

唐这时拥有关中、巴蜀和山西的广大地区，又掌握着储备十分丰盛的长安府库和永丰粮仓（在渭水入黄河处）。赤岸泽（在今陕西大荔县西南）牧监也供给了唐军不少战马。同时，关中、河东一带又是隋代府兵集中的地方。所以，唐的军力、人力、物力、财力都远远超过秦军。更重要的是，李渊不仅得到关中地主阶级的支持，而且因为他进入长安以后，立即宣布废除隋的苛禁，所以在他的统治区里，阶级矛盾也初步缓和了。从而，唐的后方也是比较巩固的。

唐、秦两军的第一次大会战发生在武德元年七月，地点在高墌（今陕西长武北）。唐军的指挥者没有能利用秦军的弱点，却急于求战，又恃众轻敌，防备不严。结果薛举引军掩袭唐军阵后，在浅水原大败唐军。唐军的士兵损失了十之六七，大将被俘的也有数人，李世民带军退回长安休整。

据旧史记载，这次战役是因为李世民得疟疾，把军务委付给行军长史刘文静和司马殷开山，他们不奉李世民坚壁不战的教令，因而致败。也有可能，这是贞观史臣为了掩饰太宗的过失，而把罪责归之于当时已死的刘、殷二人。但不管怎样，轻躁致败，总给了年轻的李世民以极大教训。此后，他在历次战争中都竭力保持冷静的头脑。

秦军继续向唐境进攻。八月，薛仁杲进围宁州（隋北地郡，治所在今甘肃宁县），被击退。不久，薛举死，仁杲继立，居于折墌城（在今甘肃泾川县东北）。唐军休整后，再度由李世民带领，进临高墌。薛仁杲派大将宗罗㬋领兵拒战。

这次李世民冷静地分析了敌我形势，坚持了闭壁不战的方针，不论秦军怎样挑战，唐的将领怎样请战，他都不动摇。这样相持了六十多天，秦军粮尽，其将领牟君才、梁胡郎降唐。李世民摸清了秦方军心已经动摇，就派行军总管梁实带领一支兵到浅水原扎营。宗罗㬋正求战不得，就想吃掉这支力量较小的军队，于是尽出精锐来攻。梁实军扼据险要，坚守了几天，宗罗㬋军大为疲困。李世民审度战机已到，又派一支军队到浅水原南布阵，宗罗喉又并兵迎战。李世民亲率大军突然从浅水原北出击，宗罗喉引兵还战，阵势混乱，李世民带领精骑冲进宗罗喉阵内，唐军裘里夹攻，呼声动地，宗罗喉的军队溃散了。

为了不让敌方散兵得以回归圻墌城，以免他们在那里坚守，李世民立即带领轻骑二千多人以高速度进到圻墌城下，扼守住泾水南岸。晚间，唐的大军到达，渡过泾水，围住圻墌城。第二天，薛仁杲被迫归降。

李世民遇到的第二个劲敌是代北的刘武周。

李渊从晋阳南下以前，为了解

除后方的威胁，曾经向突厥称臣。到武德二年（619年），唐与突厥的关系发生了变化，突厥积极支持刘武周南下。于是从四月起，刘武周就对唐发动了进攻，袭陷榆次，围困并州（治晋阳）。那时，易州（治所在今河北易县）的宋金刚被窦建德打败，引兵投奔刘武周，这就更加壮大了刘武周的声势。唐先后派去援救并州的由李仲文、裴寂带领的军队，都被刘武周、宋金刚打败。李元吉慌忙从晋阳逃回长安。晋州（治所在今山西临汾）以北的城镇，除浩州（今山西汾阳）以外，全数落到刘武周手里。十月，宋金刚进一步打下了浍州（山西翼城），夏县民吕荥茂举兵响应，据守蒲坂（今山西永济市北）的隋旧将王行本也宣布响应刘武周。到这时，唐在黄河东岸就只剩下晋西南的一隅之地了，关中受到很大震动。李渊急派李世民带兵前往拒守。十一月，李世民带领军队乘冰坚渡过黄河，驻扎柏壁（今山西新绛西南），与屯驻浍州的宋金刚军主力相对峙。

唐和刘武周的军事形势对比如下：

刘武周方面：第一，他的根据地代北诸郡是隋的边防要地，“人性劲悍，习于戎马”。[7]所以，他的军队战斗力很强。他得到突厥的助力，更是如虎添翼，军锋愈加锐盛。第二，晋阳是隋朝防御突厥的后方重镇，刘武周占领了那里，就有了充足的仓粮和库绢。第三，刘方乘战胜的余威，士气也是旺盛的。但是第四，刘方是外线作战，刘武周在河东一带没有能建立起巩固的统治基础。他和河东一带的地主没有什么联系，一般人民也不拥护他。而河东在长期战争中，兴建起许多分散的城堡，粮食都集中在里面，所以，刘方要想在河东就地征粮是很困难的。宋金刚的军粮大部分都要从晋阳运来，在晋阳、浍州之间，山险重重，不论是运输粟米，或是保护粮道，都是极为艰巨的工作。

唐军方面，第一，它屡经战败，士气暂时还是低沉的，这是它的主要弱点。但是第二，在太原失陷以前，唐方除拥有巴蜀、关中以外，又兼并了陇右、河西，它的后方更加巩固了。唐的人力、军力、物力、财力也比刘方更为优胜。第三，李渊与河东一带的地主阶级有着密切联系，李渊军入关前驻在河东时，比较注意军纪，这些都使得唐在河东就地征粮的条件要比刘武周一方好些。更突出的是第四，驻在柏壁的唐军主力西距黄河不过百里之遥，越过黄河就是唐的根据地关中，因而，它的运粮线是极其安全的，没有多少被断绝的危险。

唐军驻屯柏壁以后，李世民仍旧采用主力军坚壁不战的方针。此外，他的最重要的部署是分遣一部分兵力在汾、隰一带活动，牵制住敌军进攻浩州的力量，使浩州的守军能够坚持下去。当时从晋阳到晋西南大致有两条交通线，其一是从晋阳（今太原）沿汾水西侧经清源、浩州渡汾水达灵石，这就是李渊从晋阳南下时所采用的路线；另一条是从太原沿汾水东侧经榆次、平遥、介休以达灵石，约略相当于今天的同蒲线，这就是刘武周南下时所采用的路线。浩州正当西线的要冲，对东线运输的安全与否也有极大关系，因此，它就成为双方反复争夺的战略要地。唐军坚守浩州是一个重要的战略部署，这对唐军的最后获致胜利有着关键的作用。

宋金刚的军队深入晋西南，经过五个月的僵持，始终没有得到和唐军主力决战的机会，士气逐渐下落；而浩州又没有打下，粮道一直受着威胁。到武德三年（620年）春夏之交，浩州的唐军突然渡过汾水，消灭了刘武周派遣来护运的黄子英部队。他们又进一步占领了介休、平遥之间的张难堡（今张兰镇），于是，汾水东侧的运粮线又被切断了。宋金刚的军队得不到军粮供应，只得被迫北撤。

李世民得知宋金刚的军队北撤以后，立即率军追击。他对这次追击战的指挥，也是极其坚决的。在最紧要的关头，唐军甚至一昼夜且追且战，逐北二百余里，他自己甚至二日不食，三日不解甲。双方在吕州（山西霍县）、雀鼠谷（介休西南）、介休一带进行了多次战斗，宋金刚的军队大多死亡逃散。他和刘武周看到大势已去，就逃奔突厥。唐军收复了全部被刘武周占领的土地，并且进据代北一带。

李世民负责指挥的第三次大战争是对王世充和窦建德的战争。这是唐在统一过程中规模最大的一次战争，前后经历了十个月左右，大致前八个月是对王世充的战争，后两个月主要是对窦建德的战争。

王世充本来是隋的东都守将。隋炀帝死后，东都发生内讧，王世充消灭了他的对手元文都、卢楚一派的势力，逐渐掌握了政权。武德二年四月，他自立为帝，国号郑。

东都的隋军曾经遭受瓦岗军的严重打击。宇文化及杀掉隋炀帝，领兵北上以后，东都的形势发生了重大的变化。在对宇文化及的作战中，李密的兵马伤亡很重，王世充乘机打败了李密，得到李密的一部分将士和州县的归降。此后，王世充又利用刘武周南下的时机，夺取了唐在河南的一部分土地，扩大了自己的势力。

王世充政权无论在政治方面或军事方面都存在着很大的弱点。第一，他是隋炀帝的亲信，是以残暴镇压农民起义起家的，他的政权直接继承了隋政权，因此，他的统治是不得人心的，不能获取人民的支持。第二，在东都统治阶级内部，存在着深刻的矛盾。一部分关陇军事贵族，始终倾向于唐方。武德二年发生的独孤武都和裴仁基的两次谋叛，都说明东都内部没有坚定的团结。从李密那里投降过来的将领，凡属于裴仁基一系的，如秦叔宝、程知节、罗士信等，都先后投降了唐。第三，在王世充控制之下的州县处于极不稳定的状态。这些州县的官吏，只要看到唐优郑劣的形势，就大多会倒向唐方。第四，王世充的主力战斗部队由江淮排䂎手组成，这一兵种用于防守较好，但进攻的能力比较薄弱。第五，王世充的首脑要地东都距离新安前线不出百里之遥，完全暴露在敌方面前。他的主要优点是据守坚城，一时不易被攻破。

唐的方面，除了前面所分析的一些优点以外，这时又有了新的发展。第一，兼并陇右和河西，使关中的后方更加巩固；打败刘武周以后，来自东北侧面的威胁也解除了。从而唐就可以大力来翦除关东群雄。第二，由于军事上转入完全主动的局面，唐在关中又施行了一项重要改革。武德三年（620年）七月（《通鉴》年代有误，此据《唐会要》卷七二《京城请军》），“初置十二军，分关内诸府以隶焉。……每军将副各一人，取威名素重者为之，督以耕战之务。”这样就把军事和生产结合起来，不论在巩固后方方面，或是在保证前方兵员的补充和粮秣的供应方面，都有良好作用。第三，唐军屡获大胜，士气较高，这与以前对薛仁杲和刘武周作战时的情况大不相同了。

武德三年七月，李渊命李世民统军东击王世充。面临着唐军的强大攻势，王世充做了如下部署。第一，从所属州县征集骁勇，集中到洛阳，分遣其兄弟子侄防守洛阳要害的四城，自己则统领步骑总三万人以御唐。第二，分遣其兄弟子侄镇守洛阳外围的襄阳、虎牢、怀州（今河南泌阳县）等要地。

和反击薛举、刘武周的两次战争不同，李世民这次进行的主要是攻坚战。他在亲率大军攻拔洛阳西线的主要据点慈涧（今河南新安东）之后，做了如下部署。第一，李世民自领大军屯于洛阳以北的北邙山，连营以逼洛阳；第二，派遣将军史万宝自宜阳（今宜阳西）南据龙门（洛阳南），刘德威自太行东围河内（怀州），王君廓自洛口切断王世充粮道，黄君汉自河阴攻回洛城（河南孟津东）。他的这种部署，目的有二：一是完成对洛阳的合围，二是断绝洛阳的粮食供应。此外，李世民又利用瓦解敌人的办法，对于从王世充那里归降的官吏一律保留原职或加以提升，让他们管理原地，以期吃掉一切王世充所属的州县，使洛阳陷于完全孤立的地位。

战事依照李世民的部署顺利进行，从八月至九月，黄君汉攻取了回洛城；刘德威袭击怀州，入其外郭；史万宝进军到甘棠宫，王君廓徇地直至管城（郑州）。郑的州县官吏看到唐优郑劣的形势，纷纷降唐。次年二月，世充兄子王泰弃河阳走，怀州刺史陆善宗以城降；太子玄应自虎牢护运粮米的军队被唐军邀击消灭，保据洛口的单雄信等也在李世民亲领的增援唐军的压力下遁去。洛阳的外围据点大多被唐军控制了，于是李世民对洛阳宫城展开了猛攻。洛阳守军以重武器防守，大炮飞石，重五十斤，掷二百步，八弓弩箭如车辐，镞如巨斧，射五百步。但城中乏食，民食草根木叶皆尽，死者相枕于道，眼看就要陷落了。

当刘武周南下的时候，河北的窦建德击取了唐的洺州（河北永年）和相州（河南安阳），又进一步夺取了黎阳（河南濬县东）和卫州（河南汲县）。唐山东道安抚大使李神通被俘，黎州总管李勣被迫投降。此后，他又回师北指，谋取唐的幽州。由于唐幽州总管罗艺的坚守，窦建德未能取得重大胜利。武德三年冬，窦建德渡河南击孟海公，至次年二月，克周桥（当在今山东菏泽附近）。这样，他在河北、山东都扩大了自己的地盘。

王世充在洛阳被困，曾经几次向窦建德求援。起初，窦建德抱着旁观的态度，等到洛阳危急时，他惧怕唐灭王世充后会威胁到自己，就立刻决定援救洛阳。武德四年三月，窦建德悉发孟海公、徐圆朗之众西上，水陆并进，泛舟运粮，迅速抵达成皋（河南汜水）的东原，有众共十余万。

在如何对待王、窦联兵的问题上，李世民的部下有两种不同的意见。萧瑀、屈突通、封德彝等认为：王世充据守坚坡，一时难于攻下，窦建德乘胜而来，兵锋甚锐，不易抵挡，不若退守新安，以后再图进取。郭孝恪和薛收等认为：如果让王、窦两军会合，则转运河北的粟米以供应洛阳，将使战事长期拖延下去；应该留一部分兵力围困洛阳，深沟高垒，闭壁不战；另选一支精兵，扼住成皋要道，以阻断王、窦两军的联系；击败了窦建德，则王世充就会不战自降。李世民当机立断，采用了后一派的主张。他命令齐王元吉领兵困守东都，他自己挑选精兵三千多人，作为先头部队，立刻驰赴虎牢关，增援前线，以扼止窦建德西进。

窦建德一方的优点是：第一，他的政治清明，得到河北人民的爱戴，后方是巩固的。第二，他虽然也是外线作战，但前线距离他的后方根据地洺州不算很远，从河北、山东运粮到前线，水陆交通也都很便利。他的弱点是：骑兵不及唐军精锐。因此，唐军对窦建德军作战，不利于持久，而利于速决。经过一个多月的相持，李世民通过侦察、试探和小规模的接触，摸清了对方的底细，决定诱使窦建德的主力出战。

李世民根据情报，得知窦建德将俟唐军刍尽，牧马于河北的机会来掩袭虎牢。五月一日，他渡过黄河，侦察了敌情，留下千余匹马来迷惑窦建德。晚间回到虎牢。第二天早晨，窦建德果以全力出击，两军在汜水两岸列阵对峙，相持到中午，窦军士卒饥倦，阵容不整。李世民已把河北的马调回，就下令唐军飞涉汜水。他率领轻骑当先陷阵，直出窦军阵后。窦军迅速被击溃，窦建德也临阵被捉。

洛阳的王世充看到大局已无可为，接着就投降了。

李世民指挥的最后一次战争是对

刘黑闼的战争。

窦建德是一位杰出的农民起义领袖，他在反隋起义中建立起来的夏政权虽然是封建性的，但是他始终保持着农民的勤俭精神。他不食肉，常食蔬、茹粟饭，他的妻子曹氏不衣纨绮。对于农业生产，他极为重视。占领洺州后，他致力于劝课农桑。在那样纷乱的时代里，他竟然能使洺州“境内无盗，商旅野宿”。他的俭朴的作风和良好的政治深得河北人民的爱戴。他虽然被唐朝的皇帝杀死，但直到唐朝后期，山东、河北之人，“或尚谈其事，且为之祀。”[8]怎样来稳定窦建德统治过的河北地区，在当时，唐廷君臣都是毫无经验的。唐的官吏严厉地绳治窦建德故将，这不但引起窦建德旧部的愤慨，而且使河北人民感到不满。紧接在唐廷杀了窦建德之后，武德四年（621年）七月，窦建德故将刘黑闼从漳南（今河北故城东北）起兵，各地纷纷响应。不到半年工夫，刘黑闼就完全恢复了窦建德故地，仍以洺州为都城。他的行政设施，完全遵循窦建德的旧制，而攻战的勇敢果断，更有过于窦建德。

唐军屡经挫折以后，武德四年末，李渊再度派李世民前往镇压。刘黑闼军的战斗力很强，武德五年，唐的著名勇将罗士信战死了。到三月，李世民采用了决洺水灌敌的办法，才把刘黑闼的军队击溃，刘黑闼逃奔突厥。

但是，这一次，唐军仍然只是

单纯在军事上获得胜利，并不能真正解决河北问题。过了两个月，刘黑闼又回到山东。他的军锋很快就锐盛起来，唐的行军总管淮阳王李道玄战死了。仅仅四个月工夫，刘黑闼又尽复故地。唐改派太子建成领兵去镇压。

李建成接受了宫臣魏征的建议，改用宽大政策，释放了全部俘虏。这次，全国统一的局势已经形成，农民都愿意恢复生产，恢复安宁的生活。因而魏征的建议一经实行，刘黑闼的军心迅即瓦解，刘军不战自溃。武德六年（623年）正月，刘黑闼被杀。

在隋末农民战争推翻隋的统治以后，刘黑闼的两度起义更加深了唐初统治者对人民力量的恐惧。同时，由于李建成采用魏征的对农民让步的办法迅速地解决了河北问题，唐初统治者就找到了一条稳定全国统治的道路。所以，刘黑闼的起义在推动唐初统治者采取对农民让步的政策上面，特别是在促成贞观之治上面，起了重大的作用。李世民自从打败王世充、窦建德之后，就在长安开了文学馆，招引许多儒生来谈论治道，向他们学习历史上的统治经验。但是，他从这些儒生身上学到的东西却远没有从魏征用对农民让步的办法来解决河北问题这一点学到的多。李世民的作战经验要比建成丰富，他的军事指挥才能和阵前的威猛也绝不下于建成，他在军事上战胜了窦建德，战胜了刘黑闼，但并不能稳定河北。而建成利用魏征的建议，一下子就获得了成功。年轻而敏感的李世民是不可能不从这一鲜明的对比中获取经验教训的。李世民即位以后，立即拔用魏征并且特别重视他如何治理国家的意见，就足以证明我们的这个推断。

从上述几次战争里，我们可以看到李世民在战略战术方面的一些特点，现在简述如下：

第一，李世民很善于分析敌我双方的优点和弱点，很善于利用自己一方的优点和敌方的弱点。

第二，李世民能够从战争的全局出发，抓住关键性的问题来制定战略方针。

第三，李世民在寻找战机、捕

捉战机和创造战机方面做得非常出色。他对于什么时候打，掌握得很稳很准。

第四，李世民具有冷静的策略头脑、顽强的忍耐精神和当机立断的魄力。

第五，李世民很注意调查研究和掌握敌人情况。他在每次战斗前、战斗中，都要亲自带领少数精骑，深入侦察对方。

第六，李世民很重视乘胜追击，猛打敌人，不让失败的敌人获得喘息的机会。

第七，李世民很善于运用己方的优良兵种，即骑兵。在战事相持阶段，他善于运用精骑来切断敌人的粮道；在主力决战当中，他善于运用精骑突入敌阵或迂回敌后的战术来给予敌方以致命的打击。在敌方溃退当中，他也善于运用精骑的高速度来穷追猛打，力求全歼败敌。

本人没有军事经验，这些纸上谈兵的分析，是否有当，请予批评指正。

四　玄武门事变

李世民为了争夺皇位继承权，在长安宫城玄武门杀掉他的长兄建成和四弟元吉，这就是玄武门事变。后代的封建史家，大多沿袭贞观时修的实录，继续为李世民辩护，也有人着意做翻案文章，把李世民谴责一番。但不管怎样说，他们都是从封建伦理出发来评论玄武门事变的。我们认为，玄武门事变完全是封建统治者争权夺利的斗争。封建统治者为了权势，不可避免地要撕碎那笼罩于家庭之上的温情脉脉的面纱，抛弃那些经常宣扬的忠孝友悌一套好听的名词，彼此不择手段地进行残杀。这都是为他们所处的政治地位所迫使和由他们的阶级本性所决定的。李世民在唐室进行的统一战争中树立了很大的功勋，并壮大了自己的力量，在地主阶级的剥削本性的支配下，他就免不了要产生夺取皇位的贪欲，这样他就必然要设法除掉建成；纵使退一步说，他并不想杀建成，但是他不能没有“功高不赏”的顾虑，不能不害怕受到建成的疑忌而终于被杀。反过来，对于建成来说，也有同样的情形。地主阶级的剥削本性和剥削阶级的政治制度决定着他们要争权夺利，从而也就决定着他们必然要尔虞我诈，以致互相残杀。从历史上看，在封建帝王的家庭里，父子兄弟之间的互相残杀是不胜枚举的。

高祖李渊的窦后生有四子，除三子元霸早死外，长子建成通常留居长安，协助李渊处理军国大事，次子秦王世民则经常领兵出征，不断扩大唐的统治区。随着李世民威望的提高，这兄弟二人争夺皇位继承权的斗争就日益尖锐起来。在这个斗争中，李渊的第四子齐王元吉一直站在建成的一边。

在贞观史臣撰修的《高祖实录》和《太宗实录》中，李建成被描绘成为荒庸无能的人，实际情况绝非如此。从史料透露出来的情形看，李建成为人宽简、仁厚，很有政治才干，也有军事才能。他辅助李渊处理政务，稳定后方，支援前线，起过巨大的作用，后宫、外廷和长安等地都有不少拥护他的人。他收罗在自己周围的东宫官属，如魏征、王珪、韦挺等人都很有政治见解和政治才能，这些人在以后的“贞观之治”中都起了不小的作用。所以，李世民竞胜这个对手，并不是轻易的。他的得胜带有很大程度的偶然性。

在争夺皇位继承权的斗争中，双方所用的手段基本上是相同的，大致有如下几点：

第一，在朝廷大臣中争取支持者。在宰相当中，裴寂、封德彝都支持建成，萧瑀、陈叔达则倾向于世民。由于裴寂是李渊最宠信的大臣，在外廷中，李建成实际上居于有利的地位。

第二，在高祖妃嫔中争取支持者。李建成长期留居长安，经常在后宫进行收买活动。由于他是太子，妃嫔们认为他继承皇位的可能性较大，大多支持他。她们常在李渊面前称赞建成，挑拨李渊与李世民不和。因此，在内宫，李建成也占居有利的地位。但李世民也绝不如史书所说的那样："参请妃媛，素所不行"，他也让他的妻子长孙氏在宫廷里大肆活动，争取高祖妃嫔的支持和高祖的同情。[9]

第三，在京城树立自己的势力。在长安，李建成有东宫兵，李世民有秦王府兵，李元吉有齐王府兵，这些是公开的。此外，他们还私养一些勇士作为自己的死党。如李建成在武德七年（624年）曾招募勇士二千人为长林兵（经告发以后大概取消了，但李建成还有私养的精兵是无疑的），李世民在发动玄武门事变前，有蓄养在外的勇士八百余人。就兵力来说，合东宫、齐王府两支力量也一定是超过秦王府的。李建成在长安有东宫官属，世民和元吉也有秦王府属和齐王府属，他们都搜罗了不少智谋之士做自己的僚属，为自己出谋划策。

策四，在地方树立势力。李建成在出征刘黑闼时就拉拢了久在幽州的罗艺，利用他的关系在河北发展了自己的势力。李世民是陕东道行台尚书令，也利用这一地位在河南一带结纳山东豪杰。至于他们与各地都督的联系则事涉琐碎，这里不能多谈。

第五，收买对方爪牙。李建成曾以重金收买李世民手下骁将尉迟敬德和段志玄等人，都被回绝了。李世民收买李建成手下的将领常何和太子率更丞王晊却获得了成功。大抵李建成以李世民手下重要将领为收买对象，结果殊难有成，李世民则更为诡秘，着重收买李建成手下次要的人物，因为这些人既不是最重要的，也不是无足重轻的。所以一方面容易达到收买的目的，另一方面也能够发挥内奸的作用。李世民的势力和地位在好几方面都敌不过建成，但最后能竞胜建成，这一策略具有重要的意义。

在统一战争结束以前，李建成和李世民要一致对外，还不可能用全力进行正面的冲突。到统一战争结束以后，他们之间的矛盾上升到显著的地位，冲突就越来越表面化了。从武德七年（624年）起，双方互相揭发。曾经公开争斗了好几次，但还没有发展到你死我活的程度。武德九年（626年）夏，突厥犯边，李建成向高祖推荐元吉做出征统帅。想借此把秦王府的精兵和骁将尉迟敬德、程知节、段志玄、秦叔宝等人移到自己手里，然后杀掉李世民。李建成方面的这一密谋被王晊透露给李世民。这已经到了生死关头了。李世民和长孙无忌等商量之后，决定先发制人，阴谋伏杀。

六月四日，常何当值玄武门。在前一天，李世民密告李建成、李元吉扰乱后宫，李渊决定第二天审问。李建成认为常何是自己的人，不会发生问题，所以这一天早晨照常入朝，而李世民已经在常何的协助下，暗中在玄武门设下伏兵。李建成、李元吉行至临湖殿觉变，正想转回宫、府时，李世民突然带领伏兵出击，他一箭就射死了建成，尉迟敬德也射死了元吉。不久后，李渊被迫退位，李世民就正式做了皇帝。

五　唐太宗的用人政策

唐太宗初即位时，国内的形势并不很好。经济凋敝的现象正笼罩着全国。隋朝盛时，政府控制的户数，曾达到九百万左右。经过隋炀帝的残暴统治和长期战争之后，到武德末年，就只剩下不到三百万了。从贞观元年（627年）到三年，又遇上连续三年的严重灾害。不言而喻，在经济凋敝的情况下，要想顺利地度过这样的灾荒，自然不是轻而易举的事。政局也不十分平稳，建成、元吉的余党还散布各地，其中包括一些中央和地方的高级官员。在武德九年和贞观元年（627年），地方上曾经不止一次发生变乱。尽管这些局部变乱很快就被平息下去，但是如果处理不好，引起一场轩然大波也并不是不可能的。

在全国各地当中，山东、河北一带是各种矛盾的焦点，问题最为复杂。第一，山东、河北一带是当时生产最先进、经济最发达的地区之一，但是在隋炀帝残暴统治时期和隋末唐初的混战中，这里受到的破坏也最严重。到贞观六年（632年），这里还呈现着一片荒凉残破的景象："萑莽巨泽，茫茫千里，人烟断绝，鸡犬不闻。”[10]第二，山东、河北一带是隋末农民起义风暴的策源地，人民富有革命斗争传统。唐廷最后压平刘黑闼起义是在武德六年初，从此直到太宗即位时，相隔只不过三年多。唐廷君臣对山东豪杰怀着疑惧的心理，在山东豪杰与唐朝统治者之间还处于相对紧张的状态。第三，李建成接受王珪、魏征的建议，借镇压刘黑闼的机缘来到河北，致力于结纳山东豪杰。从此以后，河北一带就成为建成在地方树立势力的重点。久在幽州的前幽州总管罗艺成为李建成的积极支持者，太宗初即位时的幽州都督庐江王瑗也是建成的党羽。建成死后，庐江王瑗立即企图举兵反抗，他的企图虽然很快被击破，但是，“河北州、县素事隐（建成）、巢（元吉）者不自安，往往曹伏思乱”[11]，这对太宗是个很大的隐患。

要稳定全国局势，特别是根本扭转山东、河北一带的紧张局面，就必然涉及用人政策。太宗初即位时，首先要考虑的是如何适当对待下列三种官员，即（一）高祖统治时中央机构的高级官员；（二）秦王府的僚属；（三）建成的东宫官属和元吉的齐王府属。

为了广泛地团结地主阶级在自己的周围，唐高祖网罗了各地区的贵族和士族，让他们参加到上层统治集团里来，在他先后任用的十二个宰相中，除皇子、妻族和太原起兵的元勋以外，其他六人是北周宗室宇文士及、隋朝宗室杨恭仁、梁皇族萧瑀、陈皇族陈叔达、关东士族封德彝、关中士族裴矩。他的这种用人政策，对于协调各地区上层统治阶级的关系，巩固唐皇室的统治，是起了作用的。但是第一，这些贵族和士族大多思想保守，有的人甚至对农民抱着极端仇视的态度，因而要想依靠他们解决山东、河北问题，是不能想象的；第二，在武德时期，虽然这些人也有的支持过太宗，但是另一些人，如裴寂，则与建成有着密切的关系。裴寂是高祖最宠信的大臣，在朝廷拥有极大的势力，对于他，太宗是放心不下的。因此，太宗不能倚靠高祖的原班人马来进行统治。

秦王府属是太宗的死党，太宗依靠他们取得了皇位。在他初握政权的时候，也还必须依靠他们来掌握朝廷。但是第一，在太宗取得政权之后，他和秦王府属的关系也发生了变化，这些人很容易倚仗他们的功勋和他们与太宗的亲密关系，把太宗包围起来，垄断大权，把持政局，使太宗实际上成为他们的傀儡；这样，在太宗和他的旧府属之间就产生了包围与反包围的斗争。第二，在秦王府属中，缺乏关东普通地主的代表人物，他们不可能很好解决关东问题。第三，秦王府属对建成、元吉余党怀有强烈的敌对情绪，当玄武门事变结束后，一些秦王府将领曾想全杀建成、元吉左右百余人，并抄没其家财；还有一些秦王府谋士则害怕建成、元吉党人被太宗重用以后，会分散自己的权势与利益。因此，要想用他们解除东宫官属和齐王府属的顾虑，使政局迅速得到稳定，那就无异于南辕北辙。

建成的东宫府属曾经是太宗的死敌。但是第一，他们反对太宗甚至要杀害太宗，不过是为了维护他们主人的太子地位，并由此来取得自己的荣显。他们和太宗并没有根本利害矛盾。在太宗看来，他们是"桀犬吠尧，各为其主"，是可以原谅的；赦免他们的死罪，可使他们感恩。他们处于"皮之不存，毛将焉附"的地位，只要新主人"以国士见待"，他们是可以“以国士报之”的。第二，在东宫府属中，有一些人参加过隋末关东的农民起义军，与关东豪杰有着密切的联系，只有利用他们，才能迅速缓和河北、山东局势。第三，提用他们，还可起牵制秦王府属的作用，使太宗摆脱秦王府旧属的包围。第四，建成东宫官属中，有不少富有政治、军事才能的人，拔用他们，对于太宗有效地治理国家，也是有很大的好处的。第五，玄武门事变后，建成余党满怀疑惧，他们既为太宗所用，则政治上的不稳局面自然消失。

如前所分析，太宗在以太子监国和即位以后，立即改组政府，一方面，他陆续把秦王府旧属高士廉、房玄龄、长孙无忌和杜如晦等人提拔为宰相；另一方面，立即召见魏征，付以安辑山东的重任，同时将流放在外的东宫官属韦挺、王珪召回长安。起初，任用他们做谏官，引置在左右；然后，又提升他们为尚书左、右丞和门下省要职，以至宰相，担负纠弹审驳的职务，以收限制秦王府旧属的效用。与此同时，他又把陈叔达、萧瑀、宇文士及罢去相职。到贞观三年，裴寂也被贬流到南方。这样，他就完成了中央机构人员的调整工作。贵族和士族在朝廷中的力量削弱了。

唐太宗并不排斥贵族和士族，在大臣中间，关陇军事贵族仍然占有很大比例，关中和关东士族也有一些被吸收到最高统治机构中。太宗用人政策的特点是拔用了不少关东的寒族地主或普通地主，如戴胄、杜正伦、张玄素、马周、李勣、张亮等。这些人多数参加过隋末农民起义军，与关东普通地主有密切联系，并对关东复杂的阶级关系和政治形势比较熟悉。他们大多正直敢言，能面折廷争，以矫正太宗的过失。太宗以熟知经史的江南儒生为文学侍从之臣，以备顾问；而在决定施政方针上，极为重视关东普通大臣的意见。他的这种做法，对于执行向农民让步的政策，起了重要的保证作用。

六　“贞观之治”

一个既富且强的隋朝，由于隋炀帝的统治过分残暴而激成了全国规模的农民起义，很快就为农民起义军所推翻。这是唐初统治者亲眼看见的一次大事变，他们对农民的巨大力量不能不“惕焉震惧”。所以，唐政权从建立以来，就注意推行一些对农民让步的政策。唐太宗即位后，即申明他要“去奢省费，轻需薄赋，选用廉吏，使民衣食有余”。他经常与大臣们讨论历代衰乱，特别是隋朝覆亡的原因，并引以为鉴戒。他们得出的结论是：一个政权如果过度暴虐，使人民无法忍受，就必将被人民推翻。《尚书·五子之歌》说：“予临兆民，懔乎若朽索之驭六马。”《荀子·王制篇》说：“君者，舟也；庶人者，水也；水则载舟，水则覆舟。”唐太宗反复引用这些古语来警励自己。大臣们也不断用这些话来进谏。唐太宗还曾明白地说：“天子者，有道则人推而为主，无道则人弃而不用，诚可畏也。”[12]这样，隋末农民战争就决定了唐初统治者的指导政治思想的形成，从而给唐初一系列对农民让步政策的实行提供了主观条件。

在隋末农民战争中，有的农民起义军“见人称引书史，辄杀之”，有的起义军“得隋富及士族子弟，皆杀之”。地主阶级，特别是关东的大族豪强地主，气焰被打下去了。史称：贞观时，大姓豪猾之伍，无敢侵欺细民。[13]他们不敢施逞凶暴的真正原因，是慑服于农民起义的打击。同时，在隋末农民战争中，不少的依附农民、部曲、佃客和奴婢都摆脱了封建国家和地主对他们的控制。这样，隋末农民战争就直接调整了生产关系，从而也就为唐初政权的一系列对农民让步政策的推行提供了客观条件。

太宗即位之初，在朝廷中曾经展开一场如何统治农民的争论。以封德彝为代表的一部分大臣认为："三代以后，人渐浇讹"，只有任法律，杂霸道，才能统治下去。换言之，就是要对农民实行严厉的镇压。魏征则坚决反对这种主张，他认为，行帝道则帝，行王道则王，主要在于采用怎样的政策。他驳斥封德彝说："若谓古人淳朴，渐至浇讹，则至于今日，当悉化为鬼魅矣！人主安得而治之。"他还列举史实，来证明大乱之后，最易"致治"，以坚定太宗的信心。封德彝的论调反映了正在崩溃中的大族豪强地主极端仇视农民的思想，充满了消极悲观的没落情绪；魏征的论点反映了正在发展中的普通地主对发展经济的要求，富有进取向上的精神。唐太宗接纳了魏征的意见，确立了贞观时期施政的总方针。

太宗认为，一人不能遍知天下之事，也就不能独断天下之务。因此，一方面，他很注意在统治集团内部兼听博采。从贞观初起，他就命令京官五品以上轮流值宿中书内省，“问以民间疾苦，政事得失”。另一方面，他更重视发挥各级官吏的作用。对于重要的政务，“皆委百司商量，宰相筹画，于事稳便，方可奏行”。[14]他重申中书省和门下省办事的旧制，这就是，凡军国大事，要由六员中书舍人各自申述自己的意见，并且署名，叫作“五花判事”；制敕草成须经过中书侍郎、中书令审查，再送到门下省，交由给事中、黄门侍郎驳正；复奏以后，再付外施旨。此外，他又命令各行政部门，在接到诏敕后，如果认为不尽稳便，也要据理执奏，不一定立即执行。他再三向官员们指出：“人心所见，互有不同，苟论难往来，务求至当，舍己从人，亦复何伤。”他要求官员不要护己之短，也不要相惜颜面；要“灭私徇公”[15]，绝不能苟且雷同，草率从事。并且他引用隋朝为例，来告诫他们，说当时内外众官，遇事都模棱两可，终于弄到亡国、亡家、亡身。由此，军国大事和重要政令决定的审慎，就不仅从他个人的行动上，而且从制度上、从官员的思想上得到了保证。

贞观时期君臣的纳谏和直谏，是封建社会少见的良好的政治风气。唐太宗极为重视谏官的人选，并提高他们的地位。他规定宰相入阁议事，必使谏官随入，遇有失误，即行论谏。为了鼓励直谏，唐太宗不但对于纯属自己过失或可以不做的事，常能接受臣下的批评，而且对于某些他认为必须做的事，也有时因臣下的尖锐指摘而暂缓实行。例如贞观四年（630年），太宗下令征发人民修洛阳宫，给事中张玄素上书谏止说：“且以陛下今时功力，何如隋日；承凋残之后，役疮痍之人，费亿万之功，袭百王之弊，以此言之，恐甚于炀帝远矣！”太宗说：“卿以我不如炀帝，何如桀纣！”张玄素并不退缩，坚持说：“若此殿卒兴，所谓同归于乱。”[16]太宗就停止了这次征发，并褒扬了张玄素能以卑干尊，赐给他绢二百匹。至少经过了一年多，才再下令修建。

太宗一方面提拔了许多出身普通地主的人物担任中央和地方要职，他又特别注意直接统治人民的地方官吏的行为，他把都督、刺史的姓名写在屏风上，随时记下他们的善恶政迹，以备赏罚。对于贪污的官吏，不论京官、外官，也不论勋贵、故旧，都要严加惩治。他还制驭王公妃主之家，使之不敢过于骄纵。这样，他就能通过用人政策来保证对农民让步政策的执行。

从贞观元年到三年，关东、关中各地连续发生水旱霜之灾，关中饥饿尤甚，至有鬻男女者。唐太宗很重视救灾工作，命令灾区开仓赈济，无仓之处，准许就食他州，并连年派遣亲信大臣分往各灾区巡视。他还命令“出御府金宝赎男女自卖者还其父母”。[17]在旱蝗灾害严重的贞观二年，他曾经下大赦诏说：“移灾朕身，以存万国。”据说，他还在御苑中吞食了蝗虫数枚，说道：“民以谷为命，而汝食之，宁食吾之肺肠。”这些做法都能起安定人心的作用。非灾区的人民，也能对灾民体贴关怀，有的州做到了“逐粮户到，递相安养，回还之日，各有赢粮，乃别赍布帛，以申赠遗”。[18]这样，全国各地终于在安定的情况下战胜了灾荒。

配合着救灾工作的进行，唐太宗采取了精简机构和官员的办法，以紧缩国家开支，并提高行政效率。贞观元年，他下令并省了很多州县。中央各官府的官员，从二千多人减为六百四十三人。这对于唐廷渡过财政困难起了很大作用。

唐太宗曾说，轻徭薄赋，不夺农时，“使比屋之人恣其耕穗”[19]，就能使人民富足。此外，他对于减轻刑罚，也很重视。贞观元年，他命令大臣重新议定律令，把绞刑五十条改为加役流。贞观十一年（637年）颁行的由房玄龄等修订的新律，比隋代旧律减大辟者九十二条，减流入徒者七十一条。其余变重为轻的还很多。在同时颁布的狱官令中，又定出了枷、杻、钳、镣、杖、笞的长短广狭之制。太宗重申，法司判刑，不论过重或过轻，都要依律治罪。这就使新律得到比较认真的执行。对于死刑的判决，尤其慎重。唐太宗令天下死罪，不但要由刑部详复，而且要由中书门下四品以上官员及尚书、九卿议定。并须经多番复奏，才能施行。

唐太宗对农民让步的政策和各种措施收到了很好的效果，生产状况迅速好转。紧接在连续三年的严重自然灾害以后，贞观四年，全国大丰收，流散的人都返回乡里；全年才断处死刑二十九人。以后又连年丰稔，米粟每斗不过三四钱，出现了“马牛布野，外户不闭”[20]的现象。自长安南至岭表，东至于海，行旅不需自带粮食，沿途可以得到充分的供应。山东一带的村落，对于过路的旅客，必厚加供待，有的还在离开时赠送礼物。

对于“贞观之治”的形成和巩固，魏征做出了杰出的贡献。他不但熟知前代盛衰兴亡的历史，而且由于参加过瓦岗军并在窦建德军中生活过一段时期，他更能了解农民的疾苦和要求。太宗即位之后，面对着经济的凋敝，对于“致治”缺乏信心，魏征为他分析了有利条件，帮助他确定了劝课农桑、轻徭薄赋的政策。到唐朝国势转盛的时候，魏征仍然非常关心国家的命运，对太宗的政治措施，多有贡献，并经常提醒他“居安思危”“慎终如始”，一再强调守成要比创业为难。贞观十年（636年）以后，太宗的骄傲自满情绪有所滋长，政治渐不如前，魏征更不断对他敲起警钟，在贞观十一年的论时政四疏和十三年的十渐疏中，都痛切陈辞，力谏他居安忘危的过失。[21]魏征有胆略，向太宗进谏，即使碰到太宗大怒的时候，依然神色不变，坚持正确的意见，一直到太宗平静下来，接受意见为止。当时人评论他最大的长处是“耻君不及尧舜，以谏争为己任”。太宗也很看重他，一再赞扬他是佐成自己治业的最大功臣，

把他比作一面镜子，认为从他那里得到
了很多的教益。

七　边疆问题和民族政策

唐太宗即位前后，边疆上存在着两个威胁力量。这就是突厥和吐谷浑，而突厥对唐的威胁尤大。

6世纪时，突厥人开始进入阶级社会。6世纪下半期，突厥建立起强大的汗国。它控制的地区非常广大。“东自辽海以西，西至西海（里海）万里，南自沙漠以北，北至北海（贝加尔湖）五六千里，皆属焉”。[22]

隋文帝时，曾经压服东突厥的

势力。隋末唐初，中原发生混战，东突厥又恢复了强盛，拥有战士一百多万人。当时割据北边的群雄如刘武周、梁师都、高开道等人，都曾经向突厥的可汗称臣。李渊从太原起兵南下，为了解除后方的威胁和取得突厥兵马的资助，也曾经一度称臣于突厥。唐政权建立后，东突厥的处罗可汗和颉利可汗相继支持北边的刘武周、梁师都、苑君璋、高开道等武装集团，跟唐军作战，以阻挠唐统一战争的军事进展。等到唐基本上完成统一的时候，东突厥的可汗更经常直接侵犯唐的边疆。从武德六年到九年，唐的边疆，无一年不遭受东突厥的袭击。东突厥的骑兵蹂躏了唐边疆的禾稼，东突厥的贵族把大批唐人掳去当奴隶。

武德九年（626年）八月，唐太宗初即位，颉利可汗认为有机可乘，就带领十多万骑兵进到长安附近的渭水北岸。唐太宗一面轻装简从，亲到渭水岸上与颉利可汗谈判；一面震耀军容，以示必战。颉利可汗怕自己孤军深入，归路被切断，终于与太宗订盟约而还。

从表面上看，突厥是强大的，但是，它本身却存在着极严重的弱点。突厥是在征服邻国和相邻部落中壮大起来的，在它和被征服各族之间，很少有经济文化上的联系，因此，这个汗国只是军事行政的联合，是极不巩固的。在突厥的内部，也充满着复杂而尖锐的矛盾。

贞观元年、二年间，突厥已经陷入分崩离析的状态，唐的一些大臣屡次请求太宗发兵出击。太宗考虑到民生凋敝，准备工作还未就绪，就假借严守信义为名而加以拒绝。到贞观三年（629年），太宗的统治已经巩固，唐与摆脱东突厥统治的薛延陀等部已经取得紧密的联系，统辖东突厥东部的突利可汗也已经降唐，连年的霜旱之灾使得突厥大闹饥荒，突厥牧民对贵族展开了猛烈的斗争，被俘的唐人也不甘心当奴隶，纷纷保聚山险，与突厥牧民并肩作战。唐太宗认为时机已经成熟，就在这年冬天派李勣、李靖带领军队十几万人，分道出击突厥。次年春，唐军分别在白道川（内蒙古呼和浩特西）和定襄（内蒙古清水河县境）大破突厥，然后跟踪追击到阴山以北，并切断通往大沙漠的道路。最后，颉利可汗被俘，东突厥灭亡。原来隶属于东突厥的各族都奉唐太宗为天可汗。

隋末唐初，青海高原的吐谷浑的贵族不断带兵侵犯边疆。唐击败东突厥后，伊吾（今新疆哈密）归唐，高昌王麴文泰亲来长安。这样，唐与西域的交通打开了。但是，吐谷浑仍然多次犯边，威胁着河西走廊。贞观八年（634年）冬，唐太宗下诏大举进攻吐谷浑，派李靖节度诸军出击。唐军于贞观九年夏击溃吐谷浑军以后，深入追击。他们克服了高寒缺水的困难，经行了上千里的无人之境，其中侯君集带领的一支军队一直进到柏海（今青海鄂陵湖和札陵湖）。吐谷浑可汗伏允为部下所杀，伏允子慕容顺降唐，唐仍以顺为可汗。不久，顺亦为国人所杀，顺子诺曷钵继立为可汗，唐把弘化公主嫁给他。

高昌处于天山以南地区的东部，是由唐通往天山南北的要害之地。贞观六年（632年），唐太宗让焉耆绕开高昌，另开碛路以通往来，这就损害了高昌垄断西域商道的利益，引起了高昌的不满。从此以后，高昌就臣附于西突厥，开始与唐对立。它阻绝西域诸国与唐通商，抢夺西域诸国给唐的贡品；它侵扰唐的伊州和属国焉耆，又派人离间薛延陀等国与唐的关系；它还扣留突厥灭亡后从那里逃到高昌的汉人，不把他们归还唐朝。这样，高昌就成了唐和西域诸国通商并进一步向西域发展的严重障碍。贞观十四年（640年），唐军在侯君集率领下，越过地无水草，寒风如刀，热风如烧，长达两千里的沙碛，进入高昌境内。在击破田地城以后，迅速把高昌都城包围起来。唐军填堑攻城，飞石雨下。高昌在寡不敌众的情势下，其王麴智盛被迫出降。由于高昌之地多汉人，经济文化接近内地，高昌王麴氏又本为汉人，且高昌是确保西域商道的要地，唐不再在这里立王，而以高昌之地为西州，以高昌附近原为西突厥所据的可汗浮图城为庭州（今新疆吉木萨尔），各置属县。

7世纪初，吐蕃强大起来，松赞干布几次向唐请婚。贞观十五年（641年），唐太宗把文成公主嫁给松赞干布，与吐蕃建立了亲密的关系。

关于唐对突厥、吐谷浑和高昌的战争，我想提出下面三个问题来谈。

第一，这三次战争的性质。唐对突厥、吐谷浑的战争，在起初，具有鲜明的捍卫边防、抵御侵犯的性质，是正义性的。但是封建统治者绝不可能以此为满足，在他们取得胜利以后，就必然要使这种战争的性质转化到它的反面，唐军俘掠了突厥和吐谷浑的大批牲畜，并且灭掉东突厥，攻破吐谷浑，使自己成为征服者。因而，唐所进行的这两次战争，都可以说是以正义战争开始，而以非正义战争告终的。

唐对高昌的战争符合东西各国打开通道，进行经济文化交流的要求；也符合西域各国进一步摆脱西突厥残暴统治，使西域局面转向稳定的要求。因而，也有一定的积极意义。

第二，关于唐军获胜的原因。唐处于封建社会内部生产关系变革的时代。唐初，旧的门阀地主已经崩溃。新的普通地主大土地所有制还没有成熟，社会上存在着大量的均田农民（实质上就是自耕农民）。中小地主的数量也颇为众多。就封建国家来说，它直接控制着这些农民，能够向他们征取赋税和徭役、兵役，因而是富强的。就农民中间的富裕阶层和中小地主来说，他们有着发展自己的要求，富裕的农民力图使自己上升为地主，中小地主更有扩充自己土地和财富的强烈要求。适应这种情况，唐政府实行了府兵制度和勋田制度。府兵（卫士）不服徭役，不纳租调，但是要轮流番上宿卫，应征出征，并要自备兵甲衣粮。唐政府规定拣点卫士的标准是："财均者取强，力均者取富，财力又均，先取多丁。"[23]为了招引和骗取农民充当府兵，唐政府对立有军功的战士给以赏赐，提作武官，授以勋级并规定他们可以依照勋级请受数量不等的勋田。唐的勋级有十二等，最高的上柱国（比正二品）可以请受勋田三十顷，最低的武骑尉（比从七品）可以请受勋田六十亩。一般卫士作战有功，都可以获得勋级、勋田，而一般官吏，只有五品以上才可以请受官人永业田。唐初，不少贫困的卫士家庭因负担很重或战事伤亡而破产；但也有相当数量的富裕农民由卫士升为将校，获得勋田而转化为地主，不少中小地主因勋赏而扩大了自己的土地财产。参加对外战争成为中小地主和富裕农民发家致富的重要途径，战争的胜负成为与他们切身相关的问题。由此可见，产生这些战争的根源还不仅在于个别帝王的野心，更重要的是当时地主阶级的要求。对突厥、吐谷浑的战争并且具有一定的正义性质。因此这几次战争不仅得到了中小地主和富裕农民的积极支持，而且在一定程度上得到了人民的拥护。这是这几次战争胜利的主要原因。

此外，唐太宗还亲自在殿廷教练卫士，习射练武，“中多者赏以弓、刀、帛，其将帅亦加上考”，并且鼓励他们积极练武，好打败突厥。对于阵亡的将士，唐太宗派大臣前往吊祭，并将其应得勋赏回授子弟。这些做法，对鼓舞士气，也都有很大作用。

第三，关于这些战争的后果。这些战争对唐的内部并没有引起严重的不良后果，所以如此，首要的是如前所分析，它是符合地主阶级发展力量要求的；而这些战争每次都是相隔几年，解决得都很快，因而对内部没有形成激烈的破坏；而且打突厥、吐谷浑，对保卫边防，保卫边疆生产都有积极意义，所以，得到边疆人民的拥护，也不容易引起腹地人民的反对。还有一点值得一提的，就是这三次战争实际上使用的力量都不是太大。突厥实力虽然很强，但唐太宗掌握了战机，是等到突厥完全分崩离析才去打的。突厥又是游牧民族，没有城堡，不需要进行攻坚战，战争的胜负只决定于一次关键性的大战，没有旷日持久的现象，因而也没有严重的军粮运输问题。对吐谷浑的战争基本上还是骑兵速决战，因为地形艰险。这次战争也有一定的困难，峡谷沙碛乏水，“人龁冰，马啖雪”，甚至刺马血饮之。克服这种困难，没有旺盛的士气是不行的。对高昌，路途是远而艰险的，但国小，作战没有旷日持久。这些是和以后的某些战役（如对高丽的战争）很不相同的。

下面再谈一谈唐太宗的民族政策，主要就是历史上惯称的羁縻政策。所谓羁縻政策，就是不改变被征服民族的生产方式、风俗习惯，任命他们的贵族做羁縻州府的都督刺史，继续直接统治本民族。此外，唐对这些民族的贵族也竭力拉拢。灭掉东突厥后，唐在东突厥故地设置了许多都督府州，任用东突厥的贵族做都督。东突厥贵族来唐的都被任用为将军中郎将等官。迁到长安居住的，将近万家。灭掉吐谷浑后，仍以慕容氏为可汗，并与之和亲，把弘化公主嫁给其可汗诺曷钵。

这里我想提出两点来谈，第一，这种政策是把对内统治的经验推广到统治边疆各族。唐政府对内让步，对他们也实行比较缓和的政策。需要指出，实行这种政策，并不是没有压迫的，唐常常征发他们去打仗。就是最值得注意的一点。第二，羁縻政策是在一定条件下实行的。唐和汉不同，汉朝所实行的是徙民实边政策，而唐实行的是羁縻政策，这是因为客观条件不同。西汉边疆比较单纯，强敌只有一个匈奴，其他民族都还不发达，基本上都处于原始社会。所以，汉可以把大量人民迁到边疆，在那里建立一些军事、农垦的据点，并且能长期站住脚。因此，西汉边疆的户口比较多。以汉唐相比较，西汉末年辽西、右北平、渔阳三郡（河北北部和辽西一带）约九十三万人。而在约略相同的地区内，在唐代则不到八十八万人（天宝时口数）；辽东、玄菟、乐浪等地，汉代约存九十万人，而在唐代，辽东建立了高丽和渤海两国，《唐书·地理志》未记户口。在云贵地区，西汉有七十多万人，东汉的云南更增到二百万人左右，而唐代则在云南建立了南诏王国，《唐书》不记其户口，贵州的几个郡合计不过三万人；在内蒙古地区，汉代有一百多万人（包括山西北部的一部分），而唐代只有数万人。总括起来，西汉边疆地区的户口总数达三百多万人，而唐代大约只有二十万人。这是边疆地区各族社会生产发展的结果。从汉以来，经过几百年的变化，到了唐代，边疆各族大部分都已进入阶级社会，有的甚至进入封建社会，他们大多建立了剥削阶级的国家，经济比以往发达得多，人口也比过去大大增加。在这种情况下，如果采取徙民实边的办法，那就免不了要被边疆各族所吞并或者同化。所以，《唐书·地理志》

所记载的边疆地区户口很少，并不说明这些地区人口很少，而是唐政府直接控制的户口很少，特别是汉人很少（《汉书·地理志》所载边郡户口，主要也是汉人）。至于东北和云南大部分地区，《唐书》根本就不可能记载其户口，因为唐朝在那里没有设立郡县。在这种情势下，唐朝也只有实行羁縻政策。

八　唐太宗中晚年的政治

贞观前期，太宗抱着比较谦虚谨慎的态度处理国家事务，在各方面获得了良好的效果。但是，随着国内形势的好转和边疆胜利的扩大，到贞观中年，在他的思想里滋长了骄傲自满的因素，政治逐渐不如以前了，兼听、纳谏的良好作风渐渐被冲淡，对农民让步的政策开始不能很好地执行，侈靡奢纵的行为也有所发展。这种变化引起了一部分大臣强烈的反应。贞观十一年（637年），魏征连续上了论时政四疏，反复劝告他要慎终如始，不要居安忘危，应当经常以亡隋为鉴。同一年，马周也在上疏中大声疾呼："但如贞观之初，则天下幸甚。"贞观十二年（638年），魏征再度指出他听谏的态度与贞观初有所不同，说他贞观初能"导人使言"，以后也还能"悦而从谏"，但近一二年则只能"勉强受谏"，而"意终不平"。十三年，魏征又上十渐疏，列举他"志业比贞观之初，渐不克终者凡十条"，其中第二条大意说：陛下现在奢侈放纵了，很想动用民力，就说："百姓无事则骄逸，劳役则易使。"从古以来，没有因为百姓安乐而国家危亡的，哪有预防百姓骄惰而让他们去服劳役的呢！这就说明，太宗有时已经把过去所说的“为君之道，必须先存百姓。若损百姓以奉其身，犹割股以啖腹，腹饱而身毙”的道理完全置诸脑后了。[24]

事实上，在贞观中年，太宗对自己的骄傲思想也不是全无警惕，例如贞观八年他曾说：“但朕年十八，便为经纶王业……二十四而天下定，二十九而居大位，四夷降伏，海内乂安，自谓古来英雄拨乱之主无见及者，颇有自矜之意，此吾之过也。”[25]直到贞观十五年，他也还说过：“朕有二喜一惧，比年丰稔，长安斗粟直三四钱，一喜也。北虏久服，边鄙无虞，二喜也。治安则骄侈易生，骄侈则危亡立至，此一惧也。”对于大臣的直谏，他一再表示，他知道错了，他一定知过改过，挽回损失，他要把他们的忠言写在几案上，写在屏风上，时刻记住它们来警惕自己。但是他终究逃不出代表地主阶级的封建帝王的圈子，他的骄傲思想越到后来越严重，政治也在走下坡路，由他所主演的“贞观之治”这出英雄戏剧，终于不能不带着几分悲剧的色彩，在哀歌声中降下了幕布。

在分析太宗的思想变化与政治的关系时，还必须注意到门阀观念所起的作用。原来，在唐代，大族豪强地主经济虽然已趋崩溃，但是门阀观念的影响还很强烈。和关东士族崇尚婚姻礼法不同，关陇军事贵族所崇尚的是贵戚冠冕。李唐皇室是关陇军事贵族集团中的主要家族，唐太宗具有很深的崇尚贵戚冠冕的观念。因此，他虽然拔用了不少关东和其他地区的寒族或普通地主做大臣，但唐皇室却很少与他们通婚。当时的情形是“王妃主婿皆取当世勋贵名臣家”[26]，这所谓勋贵名臣家是连同突厥贵族包括在内的，而寒族出身的大臣则一般被摈除在外。由于太宗有着“致治”的要求和关陇军事贵族的门阀观念，他对待由寒族出身的大臣的态度也就形成为矛盾的两个方面：一方面，他信任他们，采用他们的政见来处理军国大事；另一方面，却又疏远他们，不愿意吸收他们进入统治集团的核心。在贞观前期，矛盾的前一方面是主要的方面，但随着“贞观之治”的形成和巩固，太宗逐渐骄傲自满，矛盾的后一方面也因之逐渐占据支配地位。这一变化对太宗晚年的政治，有着极其重要的影响。

在分析太宗的晚年政治时，还必须注意到因皇位继承问题而引起的后果。这一点看起来好像无关紧要，实际却不如此。依照我国古代的封建法统，皇位是由嫡长子或嫡长孙承袭的，他们往往缺乏政治才能，而后嗣能否守住基业，这又是封建帝王所最关心的，因此，一个帝王的政策往往要受其影响，某些杰出的帝王甚至为了预为后嗣安排而做出一些傻事。汉高祖晚年大杀功臣，主要目的在于打击异姓诸王的割据自雄，但是害怕懦弱的惠帝不能制服功臣，也是一个附带的原因，这就是皇位继承问题影响及于政策的一个例子。明太祖晚年，因为害怕幼孙建文帝将来制服不住功臣，就屡兴大狱，把他的功臣几乎诛戮无遗，尽管他所杀的都已经是地主阶级中的人物，丝毫不值得我们去同情。但是，这些功臣大多是从农民战争中锻炼出来的，其中有一些人具有丰富的军事斗争经验和一定的政治能力，明太祖消灭了这一批人，对明朝的国力，多少也起了些不良影响。清康熙帝晚年，诸子纷争，在政治上也发生过混乱的现象。唐太宗统治后期，皇位继承问题同样影响着他的政治。

太宗长孙后生有三子，长子承乾有足疾，第九子晋王治阍弱，皆不为太宗所喜。第四子魏王泰好文学，深得太宗的宠爱。魏王泰谋做皇位继承人，承乾则力图保持太子的地位。由此，勋贵子弟和文武群臣各有附托，潜结朋党，在统治阶级内部产生了新的矛盾。贞观十七年（643年），承乾被告谋反，案验有实，太宗废掉了他。宰相侯君集等以与承乾谋反事有连被杀，前太子左庶子杜正伦以曾泄露太宗语于承乾再度左迁为交州都督。

承乾既废，依照皇位继承法，最有资格做太子的是长孙后所生的魏王泰和晋王治。当时朝臣的意见分为两派，宰相岑文本、刘洎和大臣崔仁师等都劝立魏王泰，后兄长孙无忌和宰臣褚遂良则坚主立晋王治。主立魏王泰的一派岑、刘二人都来自江陵，先世虽有官位，但不称显赫，其家庭近于寒族一类；崔仁师虽是博陵大姓，然父、祖无闻，可能是破落的士族。出身于山东寒士的马周，在这次斗争中倾向如何，史所不载，但从他和刘洎关系密切来推测，或者也是站在魏王泰一边的。至于主立晋王治的一派则有所不同，此派以长孙无忌为首，他是关陇军事贵族集团的代表人物；褚遂良在这一斗争中，是长孙无忌最得力的臂助，褚来自江南侨姓高门，与关陇军事贵族有相通之处，在政治上是依附于长孙无忌的。所以这次决定皇位继位权的斗争实际上掩盖着普通地主与关陇军事贵族之间的矛盾。

长孙无忌在当时居于外戚和首相的地位，他坚主立晋王治，实际是由于：第一，魏王泰在朝廷树立了党羽，一旦继位，则拥赞他的岑文本、刘洎等人势将受到亲重，他自己的权势就有可能被削弱以致被取缔；第二，晋王治软弱无能，继位以后，很易为自己所操纵。

唐太宗不满意于晋王治的软弱无能，但终于决定立他做太子，这是因为太宗考虑到：第一，魏王泰与承乾争夺皇位，结下深仇，如果他做了皇帝，就一定会杀掉承乾，甚至连晋王治的生命也不能保全。而晋王治素来仁弱，又没有积极争夺皇位，他做了皇帝以后，承乾和李泰是可以有望保全的。第二，魏王泰阴谋夺取太子的位置，如果立了他，就会给后世子孙树立坏的榜样，这样是不适宜的。关于以上两点，太宗曾明确向大臣们宣布："我若立泰，则是太子之位可经营而得。自今太子失道，藩王窥伺者，皆两弃之。传诸子孙，永为后法。且泰立，承乾与治皆不全；治立，则承乾与泰皆无恙矣。"但是，在骨子里面，太宗恐怕还有更深刻的考虑，这就是第三，关陇军事贵族集团仍然是李唐统治的核心力量，他是不能消灭这个集团的。如果违反以长孙无忌为首的关陇军事贵族集团的意志定立李泰，将来就免不了要在关陇军事贵族与李泰之间展开斗争，如果长孙无忌一派竞胜，至少也是一场重大的政变，李泰还是不能保全，如果李泰竞胜，则出身普通地主的大臣势将掌握大权，排除他所亲信的长孙无忌等出于关陇军事贵族的大臣，甚至还可能动摇整个作为李唐统治核心力量的关陇军事贵族集团的地位。在他看来，这两种情况都是极为不利的。

经过立太子的斗争以后，太宗对出身于普通地主的大臣的态度开始改变。这时魏征已死，由于他生前曾经竭力保荐过侯君集和杜正伦，太宗怀疑他有朋党，解除了自己亲口许下的把衡山公主嫁给魏征长子叔玉的婚约，推倒了自己亲为魏征撰制并书写的墓碑。太宗对于劝立魏王泰的岑文本、刘洎等人无疑是存有戒心和疑忌心理的，只是为了不使打击面过宽，不使朝局发生太大波动，他暂时还容忍他们，并且让他们与褚遂良、马周“更日诣东宫，与太子游处谈论”，企图用这种办法来安定他们的情绪。

岑文本看穿了太宗思想深处藏着的猜忌，此后非常畏惧，当贞观十八年（644年）太宗提升他做中书令的时候，他带着满面忧虑回到家中，他的母亲觉得奇怪，追问他为什么这样，他说：“非勋非旧，滥荷宠荣，位高贵重，所以忧惧。”他并且对贺喜的亲友说：“今受吊，不受贺也。”而刘洎却泰然自若，贞观十九年（645年），太宗亲自领军去打高丽，命他辅太子李治于定州，将行，太宗对他说：“我今远征，尔辅太子，安危所寄，宜深识我意。”他却说：“愿陛下无忧，大臣有罪者，臣谨即行诛。”太宗对他更不放心了，当时就警告他说：“卿性疏而太健，必以此败，深宜慎之。”不久，岑文本死于幽州。太宗从辽东回到定州后，患了痈肿，刘洎对同列说：“疾势如此，圣躬可忧。”褚遂良就诬告他要行伊尹、霍光故事。尽管马周证明刘洎没有这样说，太宗还是下诏宣布刘洎“谋执朝衡”，命令他自尽。

很可能，所谓“谋执朝衡，自处伊、霍”，只不过是加给刘洎的公开罪状，实际却是褚遂良乘太宗病重的时机，暗中对太宗提出刘洎与李治素不同心，万一太宗死去，刘洎就会成为危险的人物这个问题，这一点正中太宗的顾虑，因而他下定决心，除去了刘洎。此后，太宗一直经常患病，对寒族出身的大臣疑忌更深。贞观二十年（646年），他用谋反的罪名杀了张亮；贞观二十二年（648年），马周病死，不久，他又听了褚遂良的话，用罔上的罪名流放了崔仁师。这样，出身于普通地主的大臣在朝廷中就所余无几了。最后，贞观二十三年（649年），他在临死前，还把李勣贬为叠州都督，对李治说：“李世勣才智有余，然汝与之无思，恐不能怀服。我今黜之，若其即行，俟我死，汝于后用为仆射，亲任之；若徘徊顾望，当杀之耳。”李勣极为狡猾，他从太宗数年以来的行动中，久已看出太宗对朝臣的猜忌，所以，受诏以后，不至家而去，这才免于被杀。（其实，李勣虽没有积极支持李治做皇帝，但是李治为晋王时，遥领并州大都督，李勣就是并州大都督府的长史。其后李治做了太子，太宗还特地任命李勣为太子詹事兼太子左卫率，并对他说：“我儿新登储贰，卿旧长史，今以宫事相委，故有此授。”[27]那么，李勣与李治还是有较深关系的。）既然太宗对李勣还如此猜忌，可见他杀刘洎，流放崔仁师，也就不足为怪了。

太宗晚年，逐渐排除了朝廷中出身于寒族地主或普通地主的大臣，专门倚信以长孙无忌为首的关陇军事贵族一派，这给当时政治带来了很严重的不良影响。和魏征“以谏争为己任”的态度相反，关陇军事贵族一派对太宗曲相谀悦。例如，贞观十八年太宗征求大臣直言其失，长孙无忌就带头说：“陛下无失。”不久，太宗又对大臣们说：“人苦不自知其过，卿可为朕明言之。”长孙无忌回答说：“陛下武功文德，臣等将顺之不暇，又何过之可言。”褚遂良表面上也有时进谏，实际则是揣摩迎合居多，犯颜直谏很少，如贞观二十一年（647年）太宗大事吹嘘自己成功的五点以后，对褚遂良说："公尝为史官，如朕言，得其实乎？"褚遂良回答："陛下盛德不可胜载，独以此五者自与，盖谦谦之志耳。"就明白地显出阿谀的丑态了。在这般人的包围之下，太宗骄傲自满的情绪愈益增长，往日兼听纳谏的良好作风消失几尽（当然也不能说是完全消失），对农民让步的政策大大削弱了。

在太宗晚年的政治中，还有一点特别值得注意的是，太宗认为李治怯懦无能，他要及其身之未老，彻底解决边疆问题。从此，战争就频繁起来了。我们在前面已经分析过，唐初战争的频繁决定于唐王朝的阶级基础，即在上升中的普通地主有着建立军功以取得政治地位和扩大经济势力的要求，唐廷的战争政策是要满足他们的要求。但是太宗晚年大规模进行战争，与他初年比较谨慎的情况有所不同。则不能说，个人因素或偶然因素不起作用。

贞观十八年（644年），唐军出击焉耆，俘虏了焉耆王突骑支。同一年，又做了进攻高丽的准备。隋室老臣郑元璹告诉太宗说，辽东道远，粮运艰阻，高丽善守城，攻之不可猝下。太宗就以今日非隋之比来自解，并且说：他打高丽，一定能成功，理由是："一曰以大击小，二曰以顺讨逆，三曰以治乘乱，四曰以逸待劳，五曰以悦当怨。”不难看出，这些理由大多是颠倒了是非的，别的且不说，他竟然把唐军劳师万里，说成是以逸待劳，岂不是主观到了可笑的程度！昔日冷静地考虑敌我优劣的光辉到现在已经完全失去了。贞观十九年（645年），唐军分陆海两路侵入高丽，太宗还亲到辽东前线督战。高丽人据城坚守，唐军每夺取一城，都要付出很大代价。最后，唐军久攻安市城不下，天气转冷，粮食又快吃完了，太宗只得下令班师。

当唐军在高丽作战的时候，漠北的薛延陀乘机侵入河套。唐太宗于贞观二十年（646年）发各地兵及突厥兵分数道攻击薛延陀，把它灭了，原来服属薛延陀的铁勒诸部降唐。二贞观十一年（647年），唐于铁勒诸部设置了府、州，各以其酋长为都督、刺史，又在回纥以南、突厥以北，开了一条“参天可汗道”，置六十八驿，以供往来使人的食宿。

贞观二十一年（647年）和二十二年（648年），兵役和徭役的繁重达到了一个高峰。在东北，唐军两度泛海骚扰高丽，在西北，用很大力量击败龟兹，得七百余城，并移安西都护府于龟兹，统龟兹、焉耆、于阗、疏勒四镇；在西南，唐发巴蜀十三州兵，击败了“松外诸蛮”，收降七十余部；在北方，又攻打了薛延陀余部。这就是说，在此期间，唐军差不多在四条战线上同时作战。这还不够，唐太宗还下令营缮翠微宫和玉华宫，以为养病之用，又征发江南、剑南民工造船，以准备再度侵入高丽。剑南一带，更是既役人力，复征船庸，由于州县督迫严急，“民至卖田宅，鬻子女”不能供。官吏们还扩大征发范围，“役及山僚”，终于激发了雅、邛、眉三州僚人的反抗。太宗没有来得及再度大举侵犯高丽，就在僚人起义的余音中死去了。由于兵役和徭役过重所引起的局部骚动不安，给予了经历过隋末农民战争的唐初统治者以很大震动。贞观二十三年（649年）太宗死后，唐廷在长孙无忌的主持下，立即宣布“罢辽东之役及诸土木之功”。长孙无忌在唐初统治集团中，是一个保守派的代表人物，总的来说，我们是把他归入反面人物一类的，但是在高宗初即位时，他主持了休兵息民的政策，却也不能不给予他一点好的评价。

以上对太宗时期政治的分析，是根据史实做出的。为了集中说明问题，在贞观前期部分，我们没有很多地揭露其黑暗面；在贞观后期部分，没有提到政治一般也还算比较清明。但绝不能由上面的分析得出结论说，贞观前后期的政治是绝对相反的，前期是绝对地好，后期是绝对地坏。作为封建统治者，太宗不能不是封建剥削阶级利益的代表者，这一点不在话下，如果仔细分析贞观前期的政治，我们也可以找出不少骄逸的事。如贞观前期修建的洛阳宫“雕饰华靡”就是一例，同时，太宗后期思想的发展也是有根源的。封建时期的帝王，在早期比较奋发有为，到后期变坏了，历史上不乏其例，太宗即是其中之一。我们也还要注意到，太宗后期的政治也不是与其前期截然不同，他多少也还保存了某些前期的做法。即以晚年修建的玉华宫而论，尽管“备设太子宫、百司，苞山络野，所费已巨亿计”，但还注意了俭约，“唯所居殿覆以瓦，余皆茅茨”。在民族政策方面，尽管贞观晚期侵略战争越来越多，但是在击败对方以后，也注意用了些缓和矛盾的政策。例如在辽东战役中，“请军所虏高丽民万四千口，先集幽州，将以赏军士”。太宗回到幽州后，就命令“有司平其直，悉以钱布赎为民”。又如在击灭薛延陀后，也曾“遣使诣燕然等州，与都督相知，访求没落之人，赎以货财，给粮递还本贯。其室韦、乌罗护、靺鞨三部人为薛延陀所掠者，亦命赎还”。总之，在分析太宗时，我们必须做到，一方面，不要忘掉他终究是一个封建统治者，是封建地主阶级利益的代表者和维护者，他不能不受封建剥削阶级本性的支配；另一方面，也不要忘掉，他是经历了农民战争时期的巨大革命风暴的，是在农民战争严重地打击了封建统治的条件下进行统治的，他从农民战争中接受的教训也是比较深刻的。

谈的时间很长，内容也比较杂乱，请原谅。个人理论水平很低，有错误或不当处，请批评指教。

注释：

［1］《俄国资本主义的发展》《列宁全集》第三卷第158、161页。

［2］《旧唐书》卷九九《张嘉贞传》，卷九六《姚崇传》。

［3］《通典》卷十八《选举六·杂议论下》，卷一七《选举五·杂议论中》。

［4］《旧唐书》卷六一《窦威传附窦抗传》。

［5］《旧唐书》卷一八七上《夏侯端传》。

［6］温大雅：《创业起居注》。

［7］《隋书》卷三〇《地理志中》。

［8］《全唐文》卷七四四殷牟《窦建德碑》。

［9］《旧唐书》卷六四《隐太子建成传》卷五一《太宗文德皇后长孙氏传》。

［10］《贞观政要》卷二《论直谏》。

［11］《新唐书》卷九七《魏征传》。

[12] [13] [14] [15] [20]《贞观政要》卷一《论政体》。

[16]《贞观政要》卷二《论纳谏》。

[17]《旧唐书》卷二《太宗纪上》。

[18]《旧唐书》卷一八五上《陈君宾传》。

[19]《贞观政要》卷八《论务农》

[21]《贞观政要》卷一《论君道》、《论政体》卷一〇《论慎终》，《旧唐书》卷七一《魏征传》。

[22]《周书》卷五〇《突厥

传》。

[23]《唐律疏议》卷一六《擅兴律》拣点卫士、征人条。

[24]《贞观政要》卷一〇《论慎终》，卷一《论君道》。

[25]《贞观政要》卷一〇《论灾祥》。

[26]《新唐书》卷九五《高俭传》。

[27]《旧唐书》卷六七《李勣传》。

出版说明

“新编历史小丛书”承自20世纪60年代吴晗策划的“中国历史小丛书”，其中不少名家名作已经是垂之经典的作品，一些措辞亦有写作伊初的时代特征。为了保持其原有版本风貌，再版过程中不做现代汉语的规范化统一，读者阅读时亦可从中体会到语言变化的规律。

“新编历史小丛书”编委会

图书在版编目（CIP）数据

唐太宗 / 汪钱著. -- 贵阳：贵州人民出版社，2023.12
（新编历史小丛书. 人物）
ISBN 978-7-221-18067-4

Ⅰ. ①唐… Ⅱ. ①汪… Ⅲ. ①李世民（599-649）-传记 Ⅳ. ①K827=421

中国国家版本馆CIP数据核字(2023)第211171号

新编历史小丛书·人物

唐太宗

TANG TAIZONG

汪钱 ◎著

出 版 人　朱文迅
责任编辑　潘江云
装帧设计　陈　电
责任印制　蔡继磊

出版发行　北京出版集团　文津出版社
　　　　　贵州出版集团　贵州人民出版社
地　　址　贵阳市观山湖区中天会展城会展东路SOHO公寓A座
印　　刷　贵州新华印务有限责任公司
版　　次　2024年2月第1版
印　　次　2024年2月第1次印刷
开　　本　880 mm × 1230 mm　1/32
印　　张　4.75
字　　数　36千字
书　　号　ISBN 978-7-221-18067-4
定　　价　24.80元
